EXTRAIT
DES LOIS NOUVELLES
REVUE BI-MENSUELLE DE LÉGISLATION ET DE JURISPRUDENCE

Emile SCHAFFHAUSER, Directeur

COMMENTAIRE

DE LA

LOI DU 31 MARS 1904

PAR

Gilbert MASSONIÉ

Docteur en droit,
Avocat.

———

PARIS

Aux Bureaux des LOIS NOUVELLES

31 bis, Faubourg-Montmartre, 31 bis

1904

COMMENTAIRE

DE LA

LOI DU 31 MARS 1904

EXTRAIT
DES LOIS NOUVELLES

REVUE BI-MENSUELLE DE LÉGISLATION ET DE JURISPRUDENCE

Emile SCHAFFHAUSER, Directeur

COMMENTAIRE

DE LA

LOI DU 31 MARS 1904

PAR

Gilbert MASSONIÉ

Docteur en droit,
Avocat.

PARIS

Aux Bureaux des LOIS NOUVELLES

31 bis, Faubourg-Montmartre, 31 bis

1904

COMMENTAIRE

DE LA

LOI DU 31 MARS 1904

**Modifiant l'article 2, § 2 de la loi du 27 mai 1885
sur les récidivistes.**

CHAPITRE PREMIER

Genèse de la loi.

§ 1ᵉʳ. — Les tribunaux répressifs indigènes en Algérie ; leur composition et leur procédure.

1. — Programme 'et plan de ce chapitre. — La loi du 31 mars 1904 n'appellerait qu'un commentaire assez bref si, pour comprendre la modification qu'elle apporte à l'article 2 de la loi du 27 mai 1885 et savoir à quels besoins elle répond, il ne fallait connaître l'organisation et la procédure des tribunaux répressifs indigènes qu'elle vise en les assimilant aux tribunaux militaires et maritimes, s'il ne fallait aussi connaître la situation créée par le fonctionnement de ces tribunaux relativement à l'application de la relégation, situation aux inconvénients de laquelle la loi nouvelle a précisément pour but de remédier (1).

---

1. — **Index bibliographique.** — *Rev. alg.*, Revue algérienne et tunisienne de jurisprudence ; *Journal de Robe*, Journal de la jurisprudence de la cour d'appel d'Alger, fondé par M. Robe ; *Trib. alg.*, Journal des tribunaux algériens, feuille bi-hebdomadaire ; D. P. Recueil périodique de Dalloz.

2. — Création des tribunaux répressifs indigènes. — Décrets de 1902. — Ce fut un décret du 29 mars 1902, complété par un autre décret du 28 mai suivant, qui créa en territoire civil de l'Algérie des tribunaux dits « tribunaux répressifs indigènes » destinés à juger les délits commis par les indigènes, et siégeant aux chefs-lieux de canton.

C'était là une dénomination bien impropre, et l'on se demandait si le nom de « commission » n'eût pas mieux convenu à cette juridiction que celui de « tribunal ». En effet ce tribunal ne se rattachait qu'imparfaitement à la hiérarchie judiciaire, puisque deux de ses membres recevaient l'investiture administrative, et qu'à côté du juge de paix président figuraient deux assesseurs — l'un français, l'autre indigène — qui pouvaient être des fonctionnaires, puisque encore la poursuite et l'instruction des délits étaient attribuées à un fonctionnaire unique qualifié « officier du ministère public » et recevant, comme les assesseurs, l'investiture administrative donnée temporairement par le gouverneur général. Aussi c'est avec raison que le garde des sceaux a dit que « la composition de ces tribunaux les faisait ressembler beaucoup plus à des tribunaux d'ordre administratif qu'à des tribunaux d'ordre judiciaire. »

Ces tribunaux si singulièrement composés devaient statuer d'après une procédure sommaire et n'offrant aux prévenus aucune garantie.

Les voies de recours prévues par le droit commun subissaient de graves restrictions. L'opposition n'était permise que sous des conditions qui la rendaient pratiquement impossible. L'appel ne pouvait être exercé par le prévenu qu'en cas de condamnation à plus de six mois de prison ou 500 francs d'amende. Quant au pourvoi en cassation, il était supprimé et remplacé par une sorte de recours devant la Cour d'Alger improprement dénommé « pourvoi en revision » et ouvert seulement au Procureur général.

3. — Critique et nécessité d'une réforme. — La nouvelle institution fut l'objet de vives critiques de la part des jurisconsultes et le fonctionnement de ces tribunaux en démontra bientôt les vices et les dangers. Malgré les protestations des colons algériens et de leurs représentants qui en demandaient le maintien intégral, à la suite d'une interpellation fort documentée qui fut développée par M. Albin Rozet, la Chambre des députés vota, le 4 avril 1904, un ordre du jour invitant le gouvernement à « apporter sans retard à l'organisation des tribunaux répressifs les modifications nécessaires pour assurer aux inculpés les garanties inséparables de toute justice. »

4. — Décret du 9 août 1903. — L'élaboration des premiers décrets ayant été trop rapide et trop secrète, on voulut que la réforme fût sérieusement étudiée, et ce fut une commission extra-parlementaire qui fut chargée de la préparer. Cette commission élabora un projet qui, avec quelques modifications, est devenu le décret du 9 août 1903.

Sans doute la nouvelle législation est loin de réaliser tous les *desiderata*. C'est ainsi que, malgré quelques garanties apportées à leur choix et à leur nomination, les assesseurs et l'officier du ministère public reçoivent encore l'investiture administrative ; c'est ainsi encore que la procédure demeure absolument dérogatoire au droit commun, notamment par la réunion entre les mêmes mains des pouvoirs d'instruction et de poursuite et par le caractère secret de l'instruction. Le principal progrès a été l'admission des voies de recours prévues par le droit commun, quoique cependant avec d'assez graves restrictions.

§ 2. — Légalité de l'institution.

5. — Position de la question. — Il est nécessaire d'examiner la question de savoir si les tribunaux répressifs indigènes sont une institution légale, car ils ont été créés par des décrets, et nous aurons à nous demander dans quelle mesure ces décrets peuvent se concilier avec les lois applicables à l'Algérie, notamment avec la loi du 27 mai 1885 sur la relégation, et quel parti l'on doit prendre en cas de conflit entre la loi et le décret.

Nous devons donc rechercher quelle est, en Algérie, la force d'un décret. Peut-on, par voie de décret, y instituer une juridiction nouvelle et lui imposer une procédure exorbitante du droit commun ? La question se pose pour le décret du 9 août 1903 dans les mêmes termes que pour les décrets de 1902.

6. — Les deux systèmes. — Dans un premier système soutenu par plusieurs jurisconsultes, les décrets seraient illégaux, car ils ne peuvent se justifier par le principe que « l'Algérie est soumise au régime des décrets. » Ce régime, en effet, a été restreint par la Constitution de 1848 et n'a pas été depuis rétabli dans son intégralité. De plus de nombreuses lois spéciales à l'Algérie ont été votées relativement à l'organisation des juridictions répressives, et dès lors cette matière n'est plus du domaine du décret (1).

---

1. — Larcher, *Les tribunaux répressifs indigènes*, n° 8 ; J. Appleton, *La juridiction répressive en Algérie ; deux décrets illégaux*, (Paris, 1902) ; G. Massonié, *Les décrets des 29 mars et 28 mai 1902, leur illégalité et ses conséquences*, (Constantine, 1903). Voy. aussi : Tilloy, *Le décret du 29 mars 1902 sur la répression des délits des indigènes* dans le *Journal de Robe,* 1902, p. 117.

Mais la Cour de cassation, au contraire, a décidé que le régime des décrets subsiste entièrement et que le gouvernement chargé d'assurer en Algérie la paix publique en maintenant l'ordre et la sécurité parmi les populations indigènes, a pu par voie de décret y instituer des tribunaux répressifs pour les délits correctionnels commis par les indigènes (Cass., 28 août 1902, D. P. 1902, 1.497)

La Cour, sans examiner la question d'une façon générale, a cru pouvoir juger ainsi parce que, d'après elle, aucune loi ne serait intervenue en la matière.

7. — Le décret et la loi. — C'est ici qu'apparait la limitation apportée au régime des décrets en Algérie et qu'il importe de mettre en lumière. Le chef de l'État n'exerce ici le droit de légiférer qu'en vertu d'une délégation du pouvoir législatif (L. 24 avril 1833, art. 25), et le droit qui lui est exceptionnellement attribué est subordonné à l'obligation de respecter les règles établies par le législateur lui-même. Celui-ci est souverain ; il a pu déléguer ses pouvoirs, mais il ne les a pas abdiqués, il est maître de les reprendre, et dès lors la loi prime le décret et frappe celui-ci d'illégalité, car dans les matières où elle est intervenue il y a retrait formel ou tacite de la délégation. Ce principe déjà admis par la doctrine et la jurisprudence, a été une fois de plus consacré à propos des tribunaux répressifs.

Sans parler ici des lois en vigueur en Algérie qui se trouvent en conflit avec le décret sur les tribunaux répressifs et semblent devoir faire obstacle à leur fonctionnement, nous nous bornerons à exposer le conflit existant entre ce décret et la loi du 27 mai 1885 et à en chercher la solution.

§ 3. —L'application de la relégation et les tribunaux répressifs indigènes.

8. — Idée du conflit. — Étant donné les principes posés ci-dessus, à savoir que le décret de 1902 et par conséquent le décret de 1903 sont légaux en tant qu'ils organisent une juridiction nouvelle, mais qu'ils sont illégaux quant aux points où ils se trouveraient en contradiction avec une loi applicable à l'Algérie, il est facile de comprendre le conflit qui s'est produit entre les décrets et la loi du 27 mai 1885 sur la relégation, et d'apercevoir la difficulté de concilier l'application de celle-ci avec le fonctionnement des tribunaux répressifs.

Cette loi a été déclarée applicable à l'Algérie par le législateur lui-même (art. 20). Or elle n'accorde, en territoire civil, le droit de prononcer la peine de la relégation qu'aux juridictions ordinaires et comme conséquence des condamnations encourues devant elles, à l'exclusion des juridictions spéciales et exceptionnelles ; de plus elle prescrit une procédure spéciale. L'application des décrets sur les tribunaux répressifs pouvait-elle se concilier avec celle de la loi ? En d'autres termes, la juridiction nouvelle répondait-elle aux exigences de la loi ? Cela revenait à se demander si elle constituait une juridiction de droit commun et, le cas échéant, si devant elle on pouvait suivre la procédure prévue par la loi.

9.— Incompétence des tribunaux répressifs pour prononcer la relégation. — Raisons. — La question de procédure parut tout d'abord la plus importante. Sous l'empire des décrets de 1902, en effet, les tribunaux répressifs ne devaient suivre d'autre procédure que celle des flagrants délits (D. 29 mars 1902, art. 8) ; or celle-ci est formellement interdite par l'article 11 de la loi du 27 mai 1885. Mais c'était là une raison insuffisante, car tout le monde admettait la possibilité d'une autre procédure, une raison négligeable surtout à côté de celle tirée du caractère des tribunaux répressifs.

10. — Caractère des tribunaux répressifs indigènes. — En effet, les tribunaux institués par les décrets de 1902 constituaient une juridiction d'exception et l'on a pu dire que, dans l'état actuel de la législation, il était difficile de trouver des tribunaux qui répondissent moins que les tribunaux répressifs à la qualification d'ordinaires.

En principe toute juridiction instituée en dehors des règles générales de l'organisation judiciaire et dont le fonctionnement est étranger aux principes du Code d'instruction criminelle, est bien une juridiction d'exception, et il est impossible de considérer comme se rattachant au droit commun des tribunaux qui ont été précisément institués pour déroger à ce droit commun, dont on a voulu écarter l'application pour les indigènes algériens.

On a dit, il est vrai, que les tribunaux d'exception sont ceux qui appliquent des peines spéciales plus rigoureuses que les peines de droit commun, et que tel n'est pas le cas des tribunaux répressifs. Mais il est permis de dire, sans rechercher ce que vaut ce critérium, que, dans l'esprit des auteurs des décrets de 1902, les tribunaux répressifs devaient appliquer plus sévèrement les peines prévues par le Code pénal, et que leur création a eu pour but de réagir contre un excès d'indulgence que l'on croyait — bien à tort — pouvoir reprocher aux tribunaux correctionnels.

La composition d'une juridiction, sa procédure, sa compétence, tels sont les points à examiner lorsqu'il s'agit de déterminer son caractère.

Nous avons fait connaitre la composition des tribunaux répressifs et donné un aperçu de leur procédure ; on a vu combien elles étaient singulières et exorbitantes du droit commun.

Mais c'est surtout l'étendue de sa compétence qui détermine le caractère d'une juridiction. Un tribunal de droit commun juge la collectivité des justiciables, tandis qu'un tribunal d'exception ne juge qu'une catégorie. C'est ainsi que M. Garraud (*Précis de droit criminel*, n° 350) qualifie de tribunaux spéciaux et exceptionnels « ceux qui n'exercent leur juridiction que par rapport à certains faits... ou par rapport à certaines personnes. » Or telle est bien la situation des tribunaux répressifs qui ne jugent qu'une catégorie de justiciables, déterminée par l'origine et la religion (1).

On a fait remarquer, il est vrai (Voy. rapport de M. Bard sous Cass., 15 nov. 1902, *Journal de Robe*, 1902, 374) que ce n'est pas une catégorie de justiciables que jugent les tribunaux répressifs, parce que les indigènes forment la majeure partie de la population algérienne. Mais ce n'est pas le nombre des justiciables qu'il faut envisager, c'est leur qualité. D'ailleurs, en territoire militaire de l'Algérie, les indigènes forment la presque totalité de la population, et cependant les conseils de guerre qui les jugent n'en conservent pas moins à leur égard le caractère de juridiction d'exception puisque, après avoir, dans son article 2, interdit aux juridictions spéciales et exceptionnelles de prononcer la relégation, la loi du 27 mai 1885 permet, par son article 20, aux conseils de guerre de la prononcer contre les indigènes du territoire militaire de l'Algérie, mais *par dérogation à l'article 2*.

Les justiciables de tribunaux répressifs habitent d'ailleurs l'Algérie, territoire français, et même le plus grand nombre d'entre eux, les indigènes algériens, sont Français. Ils ne forment donc, si l'on considère non plus uniquement la population de l'Algérie mais bien la population totale de la France, qu'une catégorie assez minime, et du moment où

---

1. — Sous l'empire des décrets de 1902, une controverse s'était élevée sur l'étendue de cette compétence personnelle. Que fallait-il entendre par l'expression d'*indigènes* sous laquelle l'article 1er du décret du 29 mars et l'article 1er du décret du 28 mai désignaient les justiciables des tribunaux répressifs ? Une première opinion adoptée par la Cour d'Alger (Alger, 27 déc. 1902. *Rev. alg.*, 1903, 2,37 ; 14 mars 1903, *Rev. alg.*, 1903, 2, 155), s'en tenant au sens étymologique du mot, ne comprenait sous cette qualification que les indigènes de race arabe ou berbère, originaires de l'Algérie. Une autre opinion adoptée par la Cour de cassation (Cass., 23 mai 1903, *Rev. alg.*, 1903, 2.209) invoquant les habitudes du langage courant et aussi des raisons de sécurité, y faisait rentrer tous les musulmans de l'Afrique du Nord, notamment les Marocains et les Tunisiens. Aujourd'hui la question est tranchée par le décret de 1903 dont l'article 1er défère aux tribunaux répressifs : 1° les indigènes musulmans ; 2° les étrangers musulmans.

ils sont déférés à une juridiction établie uniquement pour eux, il en résulte que cette juridiction est bien spéciale, exceptionnelle.

11. — Jurisprudence. — Dès que les tribunaux répressifs commencèrent à fonctionner, la question se posa de savoir s'ils avaient le droit de prononcer la relégation. Elle fut vivement discutée et, dès le début, plusieurs tribunaux répressifs eux-mêmes proclamèrent leur incompétence en matière de relégation (Voy. trib. rép. Alger-Sud, 21 juin 1902, *Journal de Robe*, 1902, 213). Les tribunaux correctionnels, en s'appuyant sur le caractère d'exception des tribunaux répressifs et aussi sur leur procédure spéciale, admirent à la presque unanimité la même opinion. La cour d'Alger, à son tour, se prononça dans le même sens (Cour d'Alger, 18 déc. 1902. *Rev. alg.*, 1903. 2. 1.)

Bientôt la Cour de cassation fut saisie de la question, indirectement il est vrai, car il résultait de l'article 4 du décret du 28 mai 1902 tel que l'avait interprété la Cour de cassation (Cass., 4 sept. 1902, *Rev. alg.*, 1902. 2.269) que le pourvoi en cassation était interdit en cette matière. Mais, à la suite de décisions d'incompétence émanées des diverses juridictions successivement saisies, il s'était produit des conflits négatifs que la Cour de cassation dut résoudre. Par un arrêt du 15 novembre 1902 (D. P. 1903. 1.281 et la note de M. J. Appleton), elle décida que « les décrets de 1902 n'avaient pas eu en vue l'application de la relégation. » Plus tard, par un arrêt du 5 février 1903 (D. P., *ibidem*) elle proclama formellement le caractère d'exception des tribunaux répressifs. C'est bien là, nous le savons, le motif juridique et péremptoire qui doit leur faire refuser toute compétence relativement à la relégation.

12. — Décret de 1903. — Maintien du caractère des tribunaux répressifs. — Avant de rechercher quelles conséquences doit entraîner le caractère d'exception des tribunaux répressifs, il est une question qui se pose, c'est celle de savoir si le décret de 1903, qui a remplacé les décrets de 1902 et apporté au fonctionnement des tribunaux répressifs des modifications qui atténuent leurs singularités et les rapprochent du droit commun, est lui aussi en contradiction avec la loi du 27 mai 1885. Cette question se ramène, en somme, à celle de savoir si les tribunaux répressifs organisés par le décret du 9 août 1903 doivent, à la différence de ceux institués en 1902, être considérés comme des tribunaux de droit commun.

On a soutenu l'affirmative et l'on a dit que, par suite des réformes apportées à l'institution, celle-ci avait perdu son caractère et que les dispositions exceptionnelles qu'elle comportait auparavant avaient disparu pour faire place à une réglementation conforme à tous les

principes du droit commun (Cour d'Alger, 22 oct. 1903, D. P. 1904.
1,153 et la note G. Massonié).

Cette manière de voir est des plus discutables, et la thèse de la Cour
d'Alger ne saurait être acceptée. Les raisons qui avaient conduit la
jurisprudence à reconnaître aux tribunaux répressifs le caractère
de juridiction d'exception n'ont pas disparu avec la nouvelle législation, et l'affirmation émise par la Cour d'Alger est contraire à la réalité des faits.

C'est à raison d'un ensemble d'anomalies qui les faisaient différer des
juridictions ordinaires que la jurisprudence s'était prononcée en ce
sens. Dans son arrêt du 18 décembre 1902 (cité *suprà*, n° 11), la Cour d'Alger relevait« leur composition surtout administrative, le mode de nomination et d'installation de leurs membres, leur compétence limitée à
une catégorie de justiciables, leurs formes de procédure particulières. »

Eh bien ! il est certain que les mêmes particularités, quoique atté-
nuées, se retrouvent dans le décret de 1903. La composition des tribunaux est restée identique, la procédure est toujours dérogatoire
au droit commun, les voies de recours, quoique plus libéralement
admises, comportent encore des restrictions.

Mais c'est surtout, nous le savons, à raison de leur compétence
limitée à une catégorie de justiciables, que le caractère d'exception
des tribunaux répressifs apparaît tout particulièrement et qu'il avait
été précisément admis(V. rapport de M. le président Fabre de Parrel
Rev. alg., 1903. 2. 2 et suiv. et rapport de M. le conseiller Roulier
D. P. 1903. 1.281). Or cette compétence est aujourd'hui la même qu'a-
vant — du moins dans l'opinion qu'avait admise la Cour de cassation
— et le décret de 1903 n'a fait que la mieux préciser.

Après ces constatations, il est inutile d'insister sur un argument en
faveur de la théorie qui attribue aux nouveaux tribunaux répressifs
le caractère de juridiction de droit commun, que l'on a cru pouvoir
tirer de ce que la Cour de cassation (Cass., 24 juillet 1903, *Rev. alg.*,
1904, 2, 58) a considéré comme des tribunaux ordinaires, au sens de
la loi de 1885, les cours criminelles instituées en Algérie par la loi du
30 décembre 1902, lesquelles ont une composition analogue et une
compétence identique à celle des tribunaux répressifs. Sans avoir
besoin de discuter cette opinion plus que contestable à notre avis, il
suffit de faire remarquer que ces cours sont organisées sur d'autres
bases et qu'elles suivent la procédure prévue par le Code d'instruction
criminelle.

Aussi c'est avec raison que la Cour de cassation, statuant sur
pourvoi contre l'arrêt précité de la Cour d'Alger, a refusé de reconnaître aux tribunaux répressifs organisés par le décret du 9 août 1903
le caractère de juridiction ordinaire (Cass., 24 décembre 1904, D. P.

1904 1,153 et la note G. Massonié).Pour justifier sa manière de voir, elle a négligé les arguments les plus probants à notre avis, tirés de la composition des tribunaux répressifs et de leur compétence restreinte, et fait seulement ressortir quelques particularités de leur procédure auxquelles on pourrait d'ailleurs en ajouter beaucoup d'autres.

13. — Conséquences du caractère des tribunaux répressifs. — Les conséquences qu'entraîne le caractère d'exception reconnu aux tribunaux répressifs indigènes, telles qu'elles ont été déduites par la jurisprudence, sont les suivantes :

1° Les tribunaux répressifs ne peuvent pas prononcer la relégation ;

2° Les condamnations prononcées par ces tribunaux pour les délits visés par l'article 4 de la loi du 27 mai 1885 n'entrent pas en compte pour l'application de la relégation (Cass., 5 février 1903, cité *suprà*).

Cette impossibilité est la conséquence forcée de celle relative à la relégation elle-même, elle se confond avec elle, car elle dérive aussi de la prohibition édictée par l'article 2 de la loi du 25 mai 1885.

Mais alors on pressent immédiatement les difficultés auxquelles on va se heurter, car il paraît impossible de concilier le fonctionnement d'une juridiction exceptionnelle devenue, en matière correctionnelle, la juridiction habituelle d'une catégorie de justiciables sur un certain territoire, avec l'application d'une loi qui a précisément visé ces justiciables et ce territoire en excluant toute juridiction exceptionnelle. Peut-il encore y avoir place pour la relégation à l'égard des indigènes et des étrangers musulmans en territoire civil de l'Algérie, puisque ceux-ci doivent toujours être traduits devant les tribunaux qui ne peuvent prononcer ni la peine accessoire ni les peines principales qui l'entraînent ? Non, semble-t-il, et l'application du décret paraît bien conduire à ce résultat aussi impossible en droit qu'absurde en fait, l'abrogation d'une loi de sécurité par un décret qui a eu précisément en vue la sécurité.

La jurisprudence s'est préoccupée d'éviter cette conséquence fâcheuse et s'est efforcée de conserver à la relégation une certaine application, mais ce ne pouvait être qu'au détriment de la compétence attribuée aux tribunaux répressifs par des décrets cependant déclarés légaux. Elle a eu à examiner la situation faite à deux catégories de délinquants : 1° les relégables, 2° ceux qui, sans l'être, sont prévenus de délits pouvant entraîner une peine comptant pour l'application éventuelle de la relégation.

14. — Tribunal compétent en matière de relégation. — La conséquence forcée de la légalité des décrets sur les tribunaux répressifs eût dû être, semble-t-il, qu'aucun tribunal ne pouvait plus prononcer la relégation contre les indigènes et étrangers musulmans, ni le tribunal correctionnel désormais dessaisi de la connaissance des délits par eux commis, ni le tribunal répressif, compétent pour connaître de ces délits. mais spécial et exceptionnel.

Cependant, sous peine de supprimer complètement la relégation pour cette catégorie de justiciables, il a été admis en pratique que les tribunaux correctionnels demeuraient compétents pour connaître des délits commis par les indigènes ou étrangers musulmans que leur état de récidive rend passibles de la relégation ; à vrai dire, cette solution admise par la Cour de cassation (Cass., 15 nov. 1902, cité *suprà;* 6 mars 1903, *Rev. alg.*, 1903, 2, 150; 1er mai 1903, *Journal de Robe,* 1903, 147; 24 déc. 1903, cité *suprà;* 8 janv. 1904, *Rev. alg.*, 1904, 2, 41) n'a jamais été justifiée en droit, et l'on a pu dire au contraire, non sans apparence de raison, que les décrets ayant été déclarés légaux, la compétence devait appartenir toujours au tribunal répressif, alors même que le prévenu pourrait être passible de la relégation devant la juridiction ordinaire (Trib. Alger, 6 nov. 1902, *Journal de Robe*, 1002, 387 ; Trib. Constantine, 30 mars 1903, *Rev. alg.*, 1903, 2, 204 ; Cour d'Alger, 23 janv. 1904, *Rev. alg.*, 1904, 2, 43).

Pour que la juridiction ordinaire puisse prononcer la relégation, en effet, il faut d'abord qu'elle soit compétente pour juger le délit qui motive la peine principale dont elle est l'accessoire (L. 27 mai 1885, art. 10). Mais précisément ici la juridiction ordinaire est dessaisie de la connaissance de ce délit par une mesure légale qui a attribué compétence à une juridiction nouvelle. Celle-ci devrait donc continuer à connaître des délits commis par des prévenus même relégables, sauf bien entendu, à raison de son caractère d'exception, à ne pas prononcer la relégation. Ainsi la loi serait respectée, mais, en fait, elle cesserait de recevoir son application. C'est donc une nécessité pratique, bien plus qu'une raison juridique, qui a fait admettre cette compétence reconnue au tribunal correctionnel pour juger les prévenus relégables.

15. — Tribunal compétent en matière de délits prévus par l'article 4 de la loi du 27 mai 1885. — Ce n'était là assurer à la relégation qu'une application restreinte et temporaire. La conséquence de la légalité des décrets doit être que les indigènes et étrangers musulmans seront désormais traduits devant les tribunaux répressifs. Mais comme les condamnations prononcées par ceux-ci pour les délits prévus par l'article 4 de la loi du 27 mai 1885 ne peuvent compter pour l'application de la relégation, ces prévenus qui n'étaient pas encore relégables ne le seront jamais, ils échapperont à l'application de cette peine, car celle-ci est toujours la conséquence d'une certaine collection de peines principales; or, en la circonstance, celles-ci seront inopérantes puisque encourues devant une juridiction d'exception. Ce serait donc la suppression de la relégation pour une catégorie nombreuse de délinquants que la loi a cependant expressément visés et qu'il importe d'y voir demeurer soumis, ce serait l'abrogation d'une loi par un décret.

Aussi il a semblé que pour respecter la loi, tout en s'inspirant de l'esprit qui a présidé à la création des tribunaux répressifs, il fallait dessaisir les tribunaux répressifs de la connaissance de délits pouvant entraîner des condamnations susceptibles de compter pour la relégation. Telle fut la doctrine admise par la Cour d'Alger (Cour d'Alger, 18 déc. 1902, *Rev. alg.*, 1903, 2, 1 ; 7 avril 1903, *Trib. alg.*, 27 mai 1903 ; 6 mars 1903, *Journal de Robe*, 1903, 93 ; 14 mars 1903, *Rev. alg.*, 1903, 2, 113; 7 mai 1903, *Journal de Robe*, 1903, 148) et après elle par un certain nombre de tribunaux.

Mais la Cour de cassation, frappée peut-être de l'atteinte que cette théorie aurait portée à la compétence attribuée aux tribunaux répressifs par un décret qu'elle avait cru pouvoir déclarer légal, la Cour de cassation, disons-nous, l'a complètement rejetée (Cass., 5 fév. 1903, cité *suprà;* 6 mars 1903, *Rev. alg.*, 1903, 2, 150; 1ᵉʳ mai 1903, *Journal de Robe*, 1903, 147; 14 nov. 1903 et 12 déc. 1903, *Rev. alg.*, 1904, 2, 37).

Si la doctrine de la Cour d'Alger, basée sur un argument certain et permettant à la relégation de continuer à recevoir son application normale, en Algérie, a été approuvée par les jurisconsultes (1), celle de la Cour suprême, qui aboutissait à la suppression de la relégation, a soulevé les plus vives critiques, car elle n'a jamais pu être justifiée en droit. Les arrêts se bornent à dire qu'il ne peut être fait exception à la compétence générale attribuée aux tribunaux répressifs que dans le cas où une loi spéciale aurait réservé la connaissance d'un délit déterminé aux tribunaux correctionnels, et ils ajoutent qu'il n'en est pas ainsi pour les délits visés par l'article 4 de la loi du 27 mai 1885. Mais c'est précisément la question et le raisonnement n'est qu'une pétition de principe. Ce dessaisissement des tribunaux ordinaires semble bien contraire à la loi puisqu'il doit entraîner la non-application de celle-ci. Dès lors c'est tomber dans la plus fâcheuse contradiction que de déclarer d'un côté qu'une loi ne peut être abrogée par

---

1. — Larcher, *Traité élém. de lég. alg.*, t. I, n. 546 ; J. Appleton, note au D. P. 1903, 1, 282, col. 2 et 3 ; G. Massonié, *Les décrets des 29 mars et 28 mai 1902 ; leur illégalité et ses conséquences*, p. 23 et s.

un décret, et d'admettre en même temps la légalité d'un décret qui aboutit à cette abrogation.

16. — Critique. — Nécessité d'une réforme. — Il est facile de voir que le fonctionnement des tribunaux répressifs n'avait laissé à la relégation qu'une application restreinte et exceptionnelle, destinée même à disparaître d'ici à quelques années. En effet, puisque les condamnations prononcées par ces tribunaux n'entraient pas en ligne de compte pour l'application de la relégation, pouvaient seuls être relégués les indigènes et étrangers musulmans qui, dès avant le fonctionnement des tribunaux répressifs, étaient arrivés à l'avant-dernier terme de la récidive spéciale organisée par la loi de 1885, ceux-là étaient, en cas de nouveau délit commis dans les conditions prévues par la loi, traduits devant les tribunaux correctionnels qui prononçaient en même temps la peine principale et, s'il y avait lieu, la relégation. Quant aux autres, ils devaient forcément échapper à la relégation, puisqu'ils étaient toujours traduits devant les tribunaux répressifs dont les condamnations ne pouvaient être prises en considération. C'était là, en outre, créer des différences injustifiables et contraires à l'équité entre des délinquants que l'on avait voulu cependant soumettre aux mêmes règles et aux mêmes rigueurs.

Une réforme s'imposait donc pour rendre à la relégation, menacée de disparaître, son application normale en territoire civil de l'Algérie, et cette réforme devait nécessairement être réalisée par la voie législative, puisque le conflit résultait d'une illégalité partielle du décret sur les tribunaux répressifs, et que pour adapter le système de la récidive au fonctionnement de ces tribunaux, il fallait modifier la loi elle-même.

17. — Vœux de la commission. — La commission de réforme des tribunaux répressifs, qui n'était chargée que de préparer un décret, ne pouvait y incorporer la réforme. Mais, sollicitée de donner son avis, elle émit le vœu que l'indigène passible de la relégation fût traduit devant le tribunal correctionnel ; mais, comme il n'y a pas de relégation possible sans condamnations principales, elle émit aussi le vœu que le tribunal correctionnel pût faire entrer en ligne de compte les condamnations prononcées par les tribunaux répressifs, comme cela avait lieu déjà pour celles émanant des conseils de guerre, — en d'autres termes, que ces condamnations comptassent facultativement pour l'application de la relégation.

Nous verrons dans quelle mesure la loi nouvelle a réalisé ces vœux.

§ 1er. — **Travaux préparatoires.**

18. — **Nécessité de cette étude.** — Il est nécessaire de connaître les travaux préparatoires concernant l'élaboration de la loi du 31 mars 1904, car il est certain que le texte obscur et incomplet de la nouvelle loi ne pourrait être compris s'il n'était éclairé par l'étude des motifs qui l'ont inspirée.

Nous savons quels besoins ont nécessité le vote de la loi ; nous savons aussi dans quel sens l'intervention du législateur avait été solli cité. L'étude des travaux préparatoires, lesquels se bornent ici à l'exposé des motifs et aux rapports présentés au nom des commissions, pourra seule nous dire quelle a été la volonté du législateur, car il serait difficile de la connaître à la seule lecture d'un texte incomplet, adopté sans discussion ni débat.

19. — **Dépôt du projet de loi.** — **Exposé des motifs.** — Le 5 février 1904, M. Vallé, garde des sceaux, déposa à la Chambre des députés, au nom du gouvernement, le projet de loi suivant :

ARTICLE UNIQUE. — L'article 2, § 2, de la loi du 27 mai 1885 sur les récidivistes est modifié ainsi qu'il suit :

« *Art.* 2, § 2. — Ces cours et tribunaux pourront toutefois tenir compte des condamnations prononcées pour *infractions* de droit commun spécifiées à la présente loi par les tribunaux militaires et maritimes en dehors de l'état de siège ou de guerre *et par les tribunaux institués en Algérie par le décret du 9 août 1903.* »

Les mots en italique indiquent les modifications et additions apportées au texte primitif de la loi.

Ce projet était précédé d'un exposé des motifs ainsi conçu :

« Aux termes de l'article 1er du décret du 9 août 1903 qui a réorganisé la juridiction répressive indigène en Algérie, instituée par les décrets des 29 mars et 28 mai 1902, les délits exclusivement imputables aux indigènes musulmans non naturalisés ou aux étranger musulmans dans l'étendue du territoire civil en Algérie sont déférés dans chaque canton à la juridiction des tribunaux répressifs indigènes.

« La Cour de cassation, tout en constatant les garanties assurées aux justiciables par le nouveau décret, a confirmé la jurisprudence par laquelle, sous l'empire des décrets primitifs, elle refusait aux tribunaux indigènes le caractère de « tribunaux ordinaires », essentiel aux termes de l'article 2 de la loi du 27 mai 1885, pour leur permettre d'appliquer la peine de la relégation (Cass., 24 décembre 1903).

« Par suite, ainsi que le constate la Cour de cassation, lorsqu'un indigène, justiciable en principe du tribunal répressif, se trouve, à raison de ses antécédents, en situation d'être relégué, la juridiction correctionnelle ordinaire reste compétente pour statuer sur la nouvelle infraction qui lui est imputée.

« Mais, d'autre part, et en vertu du même article de la loi de 1885, les condamnations prononcées par les tribunaux répressifs ne peuvent entrer en ligne de compte en vue de la relégation, de sorte que, s'il n'y était pourvu par une modification législative, la possibilité d'appliquer cette peine accessoire diminuerait de plus en plus, en raison du fonctionnement des nouvelles juridictions, et finirait même par disparaître presque complètement à l'égard des indigènes qui en sont justiciables.

« Ce serait créer un privilège inadmissible au profit des récidivistes musulmans de race africaine.

« Aussi la commission de réforme des tribunaux répressifs a-t-elle émis le vœu que, par assimilation avec les condamnations émanées des conseils de guerre maritimes ou militaires, les condamnations prononcées par les tribunaux répressifs indigènes pour délits prévus par l'article 4 de la loi du 27 mai 1885 pussent entrer en ligne de compte pour l'application de la relégation.

« L'assimilation doit d'ailleurs être complète, et, à raison du caractère quelque peu exceptionnel des tribunaux répressifs, la juridiction ordinaire, restée compétente à l'égard du récidiviste pouvant être relégué, aura le droit d'apprécier dans quelle mesure il convient de faire état des condamnations antérieures ; la relégation sera dès lors facultative, et non plus obligatoire comme elle l'est en règle générale.

« C'est la loi elle-même qui a déclaré exécutoires en Algérie les dispositions relatives à la relégation dont la modification est rendue nécessaire par l'organisation de la nouvelle juridiction répressive dans la colonie. Une loi seule peut consacrer cette modification que nous vous proposons de réaliser suivant le vœu émis par la Commission de réforme. »

20. — Rapport de M. Colin. — Vote du projet par la Chambre. — A la séance du 23 février 1904, M. Colin, député d'Alger et professeur de l'École de droit de cette ville, déposa un rapport au nom de la commission de la réforme judiciaire et de la législation civile et criminelle, à laquelle le projet avait été renvoyé.

A côté de quelques inexactitudes et de quelques considérations trop optimistes sur les tribunaux répressifs indigènes, le rapport de M. Colin contient un exposé complet des difficultés soulevées par le fonctionnement de ces tribunaux relativement à l'application de la relégation, et de la jurisprudence qui s'était formée à ce sujet, quoiqu'on puisse lui reprocher d'accepter trop aveuglément et sans chercher à la justifier la jurisprudence de la Cour de cassation, si critiquable, comme nous l'avons vu. Prenant pour base cette jurisprudence même, il affirme que le projet déposé a pour but de la sanctionner, tout en remédiant aux conséquences fâcheuses qu'elle entraînait, et de réaliser en même temps les vœux de la commission extra-parlementaire.

Après avoir rappelé comment s'est accomplie la réforme des tribunaux répressifs, le rapport s'exprime ainsi :

« Toutefois le décret du 9 août 1903 n'a pas pu régler toutes les difficultés qu'avait fait naître le fonctionnement des juridictions nouvelles, et notamment celles qu'il n'était pas possible de trancher par voie de décret.

« De ces difficultés, la principale consistait à concilier le fonctionnement des tribunaux répressifs avec les textes de la loi du 27 mai 1885 sur la relégation.

« Il ne s'agissait pas là, en effet, de textes déclarés applicables à l'Algérie par simple décret, mais de textes déclarés applicables à l'Algérie par la volonté expresse du législateur. Dès lors il ne pouvait être question de les modifier par voie de décret, car si, en Algérie, le chef de l'État a conservé et conserve encore, à l'heure actuelle, la faculté de légiférer par voie de décret, c'est à la condition essentielle de respecter toutes les dispositions législatives qui ont été déclarées applicables par la volonté même du législateur, c'est, en d'autres termes, à la condition essentielle de se borner à déclarer désormais inapplicables ou à modifier en Algérie les lois métropolitaines qu'un simple décret y a déclarées applicables (1).

« Dans le dernier état de la jurisprudence appelée à combiner sinon à concilier l'application des décrets instituant les tribunaux répressifs

---

1. — Nous faisons toutes nos réserves sur cette doctrine. Voy. notre *Commentaire complet, théorique et pratique, du décret du 9 août 1903* (Alger, 1904), Introduction, § 2.

et de la loi du 27 mai 1885, on en était arrivé aux deux règles suivantes :

« 1° Les tribunaux répressifs ne peuvent pas prononcer la peine de la relégation ;

« 2° Les condamnations prononcées par les tribunaux répressifs ne sauraient entrer en ligne de compte dans le calcul des condamnations susceptibles d'entraîner la relégation.

« La Cour d'Alger était même allée plus loin. Elle avait (et les arguments qu'elle invoquait étaient loin d'être négligeables), elle avait jugé que, constituant des tribunaux exceptionnels, les tribunaux répressifs étaient par cela même incompétents pour connaître des délits susceptibles d'entraîner non seulement la relégation elle-même, mais même une condamnation devant entrer en ligne de compte dans le calcul de l'article 4 de la loi du 27 mai 1885. Si elle avait définitivement prévalu, cette manière de voir aurait, en réalité, paralysé le fonctionnement des tribunaux répressifs, puisque les délits dont ceux-ci ont avant tout et surtout à connaître sont des délits visés par l'article 4 de la loi du 27 mai 1885.

« Mais la Cour de cassation avait refusé d'aller jusque-là, et sa jurisprudence s'était fixée dans le sens des deux règles ci-dessus rappelées.

« Si ces deux règles permettaient de concilier le fonctionnement des tribunaux répressifs avec les textes de la loi du 27 mai 1885, elles n'en entraînaient pas moins cette conséquence inacceptable : c'est qu'une situation privilégiée était faite aux délinquants indigènes qui en même temps qu'ils étaient devenus justiciables des tribunaux répressifs, avaient, par cela même, été mis à l'abri de la relégation qu'ils encouraient alors qu'ils étaient justiciables des tribunaux correctionnels.

« Aussi comprend-on fort bien que la Commission extraparlementaire ait jugé inadmissible ce résultat de la combinaison des décrets instituant les tribunaux répressifs, et de la loi du 27 mai 1885. Mais reconnaissant que, par décret, le Chef de l'État ne pouvait remédier à cet état de choses, elle avait cru devoir émettre ce vœu : « *qu'une disposition législative à insérer dans la loi du 27 mai 1885 décide que l'indigène relégable soit déféré au tribunal correctionnel, qui pourra faire entrer en ligne de compte pour l'application de la relégation les condamnations prononcées par les tribunaux répressifs.* »

Le rapport explique ensuite le retard apporté par le gouvernement à donner satisfaction à ce vœu, par la raison qu'« après la révision dont l'organisation et le fonctionnement des tribunaux répressifs avaient été l'objet, on pouvait très légitimement se demander si ces tribunaux n'avaient point perdu ce caractère de juridiction exceptionnelle, s'ils n'étaient pas devenus de véritables tribunaux ordinaires, appelés à jouer exactement en ce qui concerne les indigènes algériens le rôle des tribunaux correctionnels en ce qui concerne les Européens.

C'est là une affirmation plus que téméraire, en même temps qu'une méconnaissance absolue de l'esprit qui a présidé à la réforme des tribunaux répressifs, lequel nous est clairement révélé par les vœux émis par la Commission extraparlementaire.

Le rapport examine ensuite la jurisprudence qui s'est formée à ce sujet et exprime ses regrets — qu'il nous est impossible de partager — que la doctrine de la Cour d'Alger (n° 12 *suprà*), qui aurait rendu inutile toute modification de la loi de 1885, n'ait pas été adoptée. Montrant alors la nécessité d'une intervention législative, il dit :

« Quoi qu'il en soit, cette jurisprudence ayant été écartée, il devenait utile de répondre sans plus tarder au vœu de la Commission extraparlementaire. C'est ce qu'a fait le Gouvernement en déposant le projet dont votre Commission vous demande l'adoption.

« Considérant comme acquise et sanctionnant par cela même la jurisprudence consacrée par la Cour suprême, ce projet admet que, dès l'instant qu'un indigène est, à raison de ses antécédents judiciaires, passible de la relégation, il ne saurait être jugé que par les juridictions compétentes pour prononcer cette peine. C'est donc devant les tribunaux correctionnels et non devant les tribunaux répressifs qu'il faudra désormais poursuivre les indigènes qui, à raison de leurs antécédents judiciaires, seront passibles de la relégation. Mais, et c'est là l'objet précis de la modification apportée par le projet actuel à l'article 2 de la loi de 1885, dans ces antécédents, figureront les condamnations prononcées par les tribunaux répressifs, et elles y joueront exactement le même rôle que les condamnations émanant de tribunaux militaires ou maritimes, dont l'article 2 de la loi du 27 mai 1885 faisait déjà mention, c'est-à-dire que les juridictions ordinaires auront non pas l'obligation, mais la faculté d'en tenir compte pour résoudre la question de savoir si la relégation est, ou non, encourue.

« Combinée avec la jurisprudence qui a prévalu devant la Cour suprême, le projet correspond aussi exactement que possible au vœu émis par la Commission extraparlementaire. »

Le projet de loi fut adopté sans discussion et après déclaration d'urgence, à la séance du 1ᵉʳ mars 1904.

21. — Transmission au Sénat. — Rapport de M. Garreau. — Vote du projet. — Le projet ainsi voté par la Chambre, fut transmis au Sénat le 8 mars 1904 et renvoyé à une commission. Le 22 mars M. Garreau déposa son rapport, assez incomplet, où il n'y a rien de saillant à relever, si ce n'est qu'il prend également pour base la jurisprudence de la Cour de cassation, aux termes de laquelle l'indigène qui se trouve, à raison de ses antécédents judiciaires, en situation d'être relégué, doit être traduit devant la juridiction correctionnelle et qu'en conséquence, il n'y a qu'une modification à introduire dans la loi, afin de permettre à cette juridiction de faire entrer en ligne de compte les condamnations prononcées par les tribunaux répressifs.

Le projet fut adopté sans débat le 25 mars 1904, après déclaration d'urgence.

§ 2. — Économie générale de la loi.

22. — **Texte de la loi.** — Le texte de la loi est exactement celui du projet du gouvernement. Rappelons-le :

« L'article 2, § 2 de la loi du 27 mai 1885 sur les récidivistes est modifié ainsi qu'il suit :

« Art. 2, § 2. — Ces cours et tribunaux pourront toutefois tenir compte des condamnations prononcées pour infractions de droit commun spécifiées à la présente loi par les tribunaux militaires et maritimes en dehors de l'état de siège ou de guerre et par les tribunaux institués en Algérie par le décret du 9 août 1903. »

La loi du 31 mars 1904 ne forme pas une loi à part, car elle consiste uniquement dans une rédaction nouvelle donnée au § 2 de l'article 2 de la loi du 27 mai 1885, dans lequel ont été introduites une modification et une addition.

La modification consiste à avoir substitué le terme « infractions » aux mots « crimes et délits » qu'employait la loi de 1885 pour désigner les faits à raison desquels la relégation peut être prononcée. Nous ne pouvons saisir la raison de ce changement ; il était inutile, en effet, de se servir d'une expression plus large que celle de « crimes et délits », puisque la relégation ne peut jamais résulter de condamnations pour contraventions.

L'addition consiste à avoir visé expressément les condamnations prononcées par les tribunaux répressifs, pour permettre de les faire entrer en ligne de compte au point de vue de la relégation.

23. — **Portée de la loi.** — La loi du 31 mars 1904 a une certaine répercussion sur la condition légale des tribunaux répressifs ; mais elle n'en a aucune sur les conditions d'application de la relégation.

Nous allons examiner successivement ces deux points.

24. — **Condition légale des tribunaux répressifs.** — Les décrets qui ont institué les tribunaux répressifs ayant été déclarés légaux par la Cour de cassation, on a jugé inutile de les reconstituer par une loi. Sans doute cela eût été préférable, car c'eût été mettre fin à toute controverse ; mais on a craint de sembler condamner la jurisprudence de la Cour de cassation. On n'a fait intervenir la loi que dans la mesure où elle était nécessaire, c'est-à-dire pour régler le conflit entre le décret et la loi.

La nouvelle loi, en visant les tribunaux répressifs et en accordant sa sanction, au point de vue de la relégation, aux condamnations qu'ils prononcent, donne bien, quoique par une voie détournée, l'investiture à cette juridiction dont la légalité est désormais indiscutable (1).

Un second effet de la nouvelle loi est de consacrer législativement le caractère d'exception des tribunaux répressifs, déjà proclamé par la jurisprudence puisqu'elle les assimile, à un point de vue spécial, aux juridictions d'exception déjà visées par la loi du 27 mai 1885.

25. — Conditions de la relégation. — La loi nouvelle ne change pas les conditions générales d'application de la relégation. Celle-ci doit continuer à être prononcée dans les termes du droit commun, c'est-à-dire par les tribunaux ordinaires, puisque le § 1ᵉʳ de l'article 2 de la loi du 27 mai 1885, qui pose cette règle, n'est pas modifié — et les condamnations prononcées par les juridictions spéciales ou exceptionnelles ne peuvent entrer que facultativement en ligne de compte pour l'application de cette peine, puisque la règle est conservée par le § 2 de l'article 5 de la même loi, lequel assimile à ce point de vue les tribunaux répressifs aux conseils de guerre et aux tribunaux maritimes.

Mais la condition des indigènes et des étrangers musulmans du territoire civil de l'Algérie se trouve aujourd'hui modifiée relativement à l'application de la relégation. Cette modification, qui les place dans une situation plus favorable que celle qui leur était antérieurement faite, ne résulte pas, il est vrai, de la loi, mais bien de l'institution même des tribunaux répressifs.

Avant 1902, en effet, ces justiciables étaient traduits devant les tribunaux ordinaires, et les condamnations qu'ils encouraient pour les délits spécifiés par la loi comptaient nécessairement pour l'application de la relégation. Aujourd'hui, par suite de l'attribution de la connais-

---

1. — Précédemment on avait soutenu que cette consécration législative des tribunaux répressifs résultait de l'article 150 de la loi forestière du 24 février 1903, spéciale à l'Algérie. Mais c'était une erreur. Voy. sur ce point notre étude : *Les tribunaux répressifs indigènes ; les décrets des 29 mars et 28 mai 1902, 9 août 1903*, dans la *Revue générale du droit*, 1903, p. 389.

sance de ces délits à des tribunaux d'exception, la loi a dû déclarer que ces mêmes condamnations ne compteraient plus que facultativement.

En un mot, la relégation est devenue facultative, d'obligatoire qu'elle était pour les indigènes et les étrangers musulmans du territoire civil de l'Algérie, et c'est un véritable privilège que l'on a ainsi créé pour toute une catégorie de délinquants que — chose singulière ! — l'on a cependant voulu traiter avec plus de rigueur. On a ainsi établi une différence injustifiable non seulement entre les Français et Européens et les indigènes et étrangers musulmans du territoire civil, mais encore entre ceux-ci et les délinquants de même catégorie du territoire militaire qui, eux, sont soumis obligatoirement à la relégation (L. 27 mai 1885, art. 20 modifié par loi du 10 juillet 1901).

§ 3. — Tribunal compétent pour prononcer la relégation à l'égard des récidivistes indigènes ou étrangers musulmans en territoire civil.

26. — État de la question avant la loi. — Nous savons que sous l'empire des décrets de 1902 et 1903, il avait été admis que la juridiction ordinaire, c'est-à-dire les tribunaux correctionnels, était demeurée compétente pour connaître des poursuites dirigées contre les indigènes et étrangers musulmans que leur état de récidive rendait passibles de la relégation.

Cette doctrine, qui apportait une exception importante à la compétence générale attribuée aux tribunaux répressifs, fut admise, en réalité, pour des raisons de nécessité pratique bien plus que pour des raisons juridiques. Elle n'a jamais été justifiée, et cependant tout le monde l'approuva. Les adversaires des tribunaux répressifs y virent, non sans plaisir, la proclamation de l'illégalité partielle des décrets ; les partisans de la nouvelle institution l'acceptèrent comme un moyen de concilier la loi et les décrets et de montrer que ceux-ci n'entravaient pas l'application de la loi.

On ne pouvait, en effet, opter qu'entre deux solutions : ou renvoyer les récidivistes de cette catégorie devant les tribunaux répressifs, et alors c'était pour eux la suppression de la relégation, puisque, à raison de leur caractère, ces tribunaux ne peuvent prononcer cette peine, — ou les renvoyer devant les tribunaux correctionnels afin d'observer la loi, et la gravité de la peine justifiait suffisamment ce retour partiel au droit commun en faveur de cette catégorie de délinquants, cependant la moins intéressante.

Cette compétence attribuée aux tribunaux correctionnels pour prononcer la relégation entraînait forcément leur compétence pour connaître du dernier délit commis par le prévenu, c'est-à-dire du délit qui, par sa corrélation avec les condamnations déjà encourues par lui dans les termes de la loi, le rend passible de la relégation. Cette compétence est la conséquence forcée de celle qui a trait à la relégation elle-même, car, d'une part, celle-ci ne peut être prononcée que comme conséquence des condamnations encourues devant les tribunaux ordinaires et, d'autre part, elle doit l'être en même temps que la peine principale (L. 27 mai 1885, art. 10).

Nous savons que la commission extra-parlementaire avait émis un vœu tendant à ce que cette doctrine fût sanctionnée législativement par une disposition expresse insérée dans la loi.

27. — Silence de la loi. — La loi nouvelle donne-t-elle satisfaction à ce vœu ? En d'autres termes, résout-elle complètement la fameuse question de la relégation ? Non.

Mais tout d'abord deux voies s'ouvraient pour cela. Malgré le caractère d'exception des tribunaux répressifs, un texte législatif tout puissant aurait certainement pu leur accorder le droit de prononcer la relégation, comme cela a été fait pour les conseils de guerre en territoire militaire de l'Algérie. La question a été agitée. Dans son rapport, M. Colin regrette qu'on n'en ait pas décidé ainsi ; mais il ajoute que « c'eût été s'écarter très notablement du vœu émis par la Commission extra-parlementaire, et certaines protestations auraient pu se produire. »

Il était impossible, à notre avis, d'accorder un pareil droit à des tribunaux tels que les tribunaux répressifs. Il y a à cela, outre les raisons juridiques, des motifs d'équité. Comment permettre à un tribunal dont deux membres sont, par définition, étrangers à toute connaissance juridique, le droit de trancher les délicates questions de droit que soulève l'application de la relégation ? Ce serait en abandonner la solution au seul juge de paix ou permettre à deux assesseurs ignorants de lui imposer une sentence illégale, contre laquelle le condamné ne jouirait que de voies de recours insuffisantes. Et comment observer devant les tribunaux forains, les plus nombreux, l'article 11 de la loi qui prescrit l'assistance d'un défenseur, c'est-à-dire d'un avocat ou d'un avoué ayant seuls qualité pour plaider devant les tribunaux prévus par la loi et seuls capables de présenter une défense utile ? Quant à supprimer cette garantie devant un tribunal qui n'en offre déjà pas tant, il n'y faut pas songer. En vain a-t-on dit qu'on ferait appel au dévouement du barreau, ce dévouement ne peut aller jusqu'au sacrifice et lui imposer des frais. Quant à faire assurer la défense par un oukil, admis à plaider devant les tribunaux répressifs, on se demande quel concours cet avocat arabe, ignorant de nos lois et, la plupart du temps, de notre langue, pourrait bien prêter aux prévenus.

Il fallait donc décider que les relégables seraient traduits devant les tribunaux correctionnels. Mais la loi nouvelle ne contient rien à ce sujet. L'exposé des motifs présente comme un axiome la doctrine émise à ce sujet par la Cour de cassation, et c'est pour cela qu'on n'a inséré dans la loi aucune disposition sur ce point.

28. — **Critique.** — Que dit, en effet, cette loi ? Elle maintient le principe que les tribunaux ordinaires peuvent seuls prononcer la relégation et prévoit seulement, dans le § 2 du nouvel article 2 de la loi sur les récidivistes, la computation facultative en vue de la relégation des condamnations émanant des tribunaux répressifs, comme cela a eu lieu jusqu'ici pour celles prononcées par les tribunaux militaires ou maritimes.

Mais de ce que les tribunaux d'exception sont incompétents pour prononcer la relégation, s'ensuit-il qu'ils doivent se dessaisir de la connaissance des délits commis par leurs justiciables lorsque ceux-ci, par suite de leurs antécédents, seraient passibles de la relégation devant la juridiction ordinaire ? Non sans doute, on ne l'a jamais soutenu et puisque cela n'est pas vrai des conseils de guerre, par exemple, pourquoi ce ne le serait-il pas également des tribunaux répressifs, puisque ceux-ci leur sont assimilés, puisqu'ils sont visés avec eux dans une même phrase ? Et le texte n'ajoute rien en disant que les condamnations prononcées par les tribunaux répressifs pourront compter en vue de la relégation. Cela ne signifie pas davantage que le prévenu relégable devra être déféré au tribunal correctionnel ; mais seulement que lorsque accidentellement — par exemple, par suite de complicité avec un Européen — un indigène sera traduit devant le tribunal correctionnel, celui-ci pourra, si le prévenu est relégable, tenir compte des condamnations par lui déjà encourues devant les tribunaux répressifs. C'est exactement ce qu'il ferait pour celles encourues devant les conseils de guerre par un militaire, et la même rédaction ne peut avoir deux significations différentes, l'une relativement aux tribunaux militaires ou maritimes, l'autre relativement aux tribunaux répressifs.

En réalité, le texte ne dit pas ce qu'il devrait dire et ce qu'on a cru lui faire dire : il y a une contradiction entre sa signification juridique et le sens qui lui a été prêté par l'exposé des motifs et les rapports. Il est regrettable que l'on ait accepté comme un texte de loi une doctrine émise par la Cour de cassation, car celle-ci a donné trop d'exemples de revirement pour que nous n'ayons pas le droit de craindre pour la solidité d'une opinion dépourvue de base juridique.

On a bien dit, il est vrai, que la relégation était une peine obligatoire et qu'il fallait bien qu'il y ait un tribunal compétent pour la prononcer, lequel ne pouvait être que le tribunal de droit commun. C'est partir d'un faux principe. La relégation n'est pas obligatoire, car elle n'est pas l'accessoire d'une collection de délits, mais bien d'une collection de condamnations dont la dernière notamment doit, dans la plupart des cas, atteindre un certain taux. Dès lors elle n'est qu'éventuelle et l'argument, déjà inexact avant la loi du 31 mars 1904, n'a plus aucune portée aujourd'hui que la relégation est, à l'égard des indigènes et des étrangers musulmans du territoire civil de l'Algérie, devenue purement facultative.

Néanmoins, il est certain qu'en votant sans discussion le projet de loi présenté, les Chambres ont entendu adopter et consacrer la jurisprudence de la Cour suprême qui, si on peut lui reprocher d'avoir, en réalité, fait la loi, se recommande, il faut en convenir, par des raisons d'utilité pratique et d'équité incontestables. Tout en regrettant qu'une disposition expresse n'ait pas été insérée dans la loi, il faut donc reconnaitre que celle-ci a consacré implicitement cette doctrine, et il est probable que si la difficulté est soulevée, elle sera résolue dans le même sens qu'avant la promulgation de la loi (1).

S'il n'en était pas ainsi, le but de la loi, qui a été de rendre à la relégation son application normale compromise par le fonctionnement des tribunaux répressifs, serait manqué, puisque ce n'est que très exceptionnellement que les justiciables de ces tribunaux seraient relégués.

Par conséquent, le musulman relégable pourra être déféré au tribunal correctionnel un nombre indéterminé de fois, puisque ce tribunal ne sera jamais obligé de prononcer la relégation à son encontre.

§ 4. — Computation facultative des condamnations prononcées par les tribunaux répressifs.

29. — Disposition de la loi. — La loi nouvelle, au contraire, donne expressément satisfaction au deuxième vœu émis par la Commission extraparlementaire ; elle permet aux juridictions ordinaires que l'on considère comme compétentes, comme nous venons de le voir, pour prononcer la relégation, de faire entrer en ligne de compte les condamnations encourues devant les tribunaux répressifs.

30. — Sa portée. — Si l'on a pu autrefois contester la compétence des tribunaux répressifs relativement aux délits spécifiés par l'article 4 de la loi du 27 mai 1885 comme pouvant entraîner des condam-

---

1. — En ce sens : Cour d'Alger, 9 juin 1904, *Trib. alg.*, n° du 29 juin 1904

nations susceptibles de compter pour la relégation, et cela parce que les condamnations prononcées par ces tribunaux ne pouvant être prises en considération, le décret aurait fait échec à la loi (*suprà*, n° 15), il n'en serait plus de même aujourd'hui. En effet, les tribunaux répressifs sont bien compétents pour juger ces délits, puisque le législateur prend en considération les condamnations par eux prononcées à leur occasion, et puisque les inconvénients qu'entraînait cette compétence ont disparu : il n'y a donc plus de raison pour l'écarter.

31. — Computation des condamnations prononcées par les tribunaux répressifs au point de vue de la relégation. — Les condamnations prononcées par les tribunaux répressifs ne doivent pas forcément entrer en ligne de compte pour l'application de la relégation. C'est seulement une faculté pour les juridictions ordinaires d'en tenir compte. En d'autres termes, ces juridictions auront à l'égard des jugements émanant des tribunaux répressifs un véritable droit de revision, ce qui démontre le peu de confiance que le législateur paraît avoir en cette juridiction, et ce qui se justifie largement par les imperfections de son organisation et de son fonctionnement.

Mais ce pouvoir de revision ne saurait s'exercer sur les condamnations prononcées en appel par les tribunaux correctionnels : la lettre de la loi s'y oppose en même temps que son esprit.

32. — Non rétroactivité de la loi. — En principe, la loi n'a pas d'effet rétroactif. Exception est faite pour les lois de forme et de compétence. Or ici il ne s'agit pas d'une loi de cette nature, mais bien d'une loi de fond, puisqu'elle a pour but de donner aux condamnations prononcées par certains tribunaux une sanction qu'elles ne comportaient pas auparavant. Il s'agit ici d'une aggravation de situation pour certains condamnés et l'on pourrait presque dire d'une peine nouvelle. Tout concourt donc pour faire refuser à une pareille loi tout effet rétroactif.

D'ailleurs ce qui lève tout doute à cet égard, c'est que, lorsque le législateur de 1885 a voulu que les condamnations prononcées antérieurement à la loi pussent entrer en ligne de compte pour l'application de la relégation, il s'en est formellement expliqué (L. 27 mai 1885, art. 9). Ici le législateur n'ayant édicté rien de semblable, la rétroactivité ne saurait être admise.

Par conséquent, les condamnations encourues dans les conditions prévues antérieurement à la mise en vigueur de la loi ne peuvent pas compter pour l'application facultative de la relégation. Mais celles encourues postérieurement à cette mise en vigueur, quoique pour faits antérieurs, le peuvent certainement.

Mayenne, Imp. Ch. COLIN. — *Spécialité de publications périodiques.*

9 782019 294281